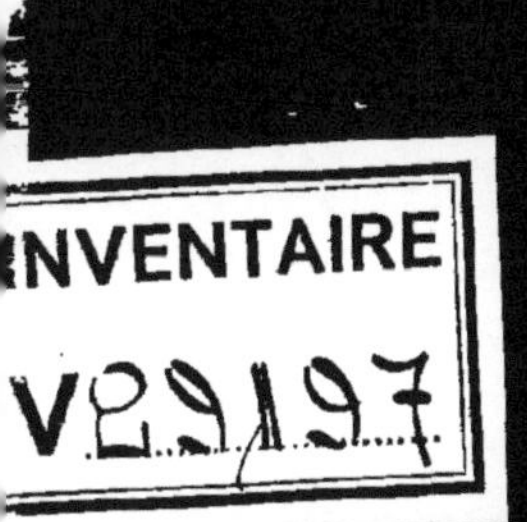

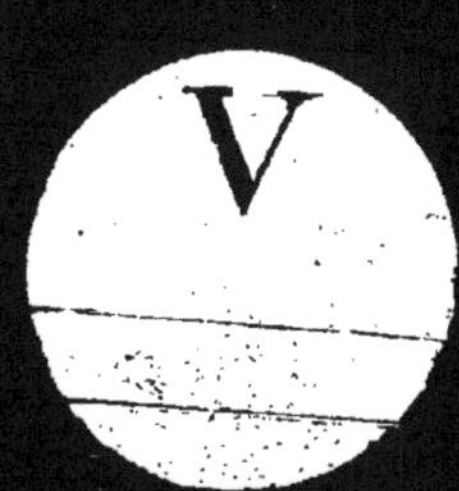

Conserver cette
couverture

les frais exigés

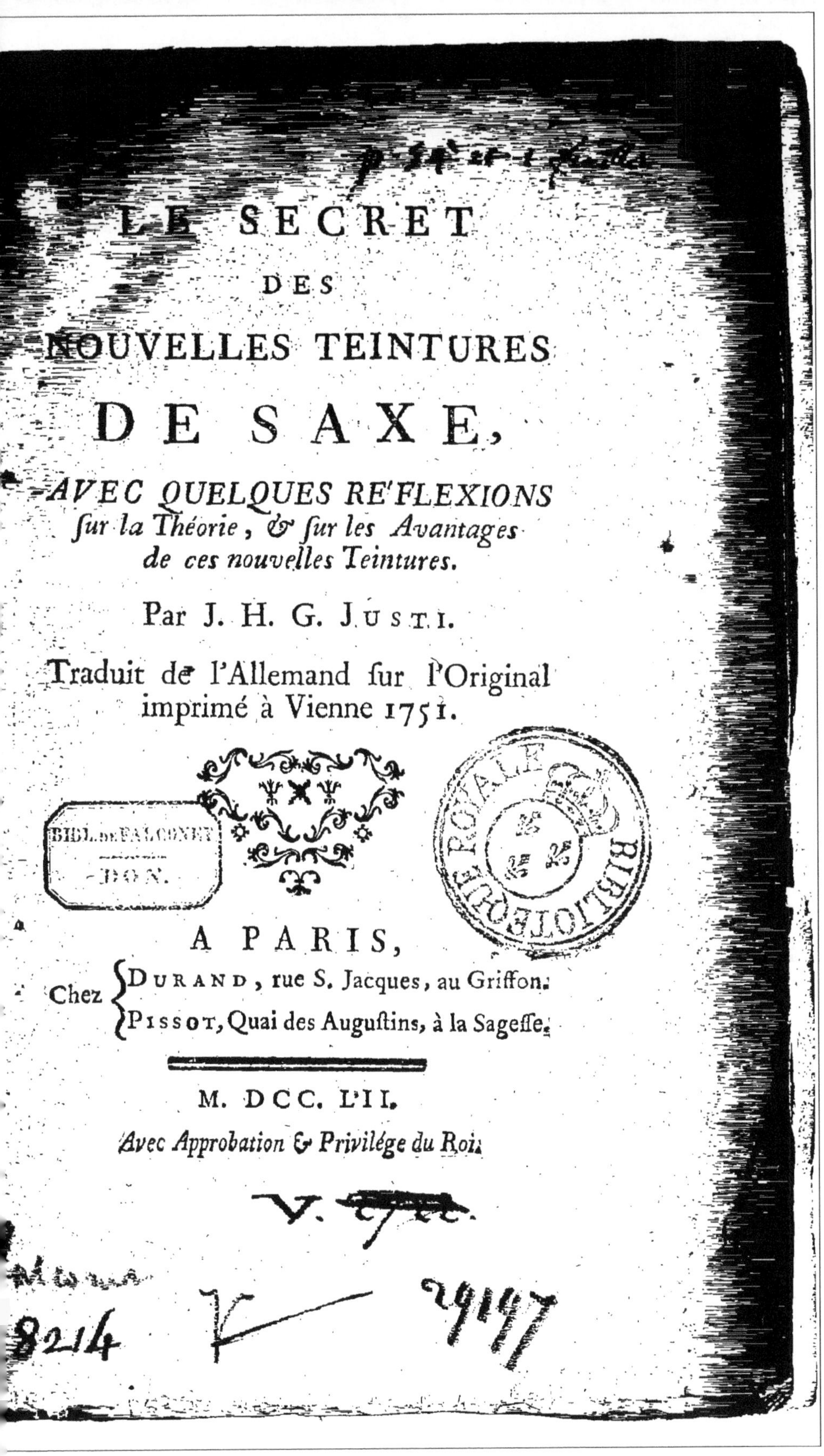

LE SECRET DES NOUVELLES TEINTURES DE SAXE,

AVEC QUELQUES RE'FLEXIONS sur la Théorie, & sur les Avantages de ces nouvelles Teintures.

Par J. H. G. JUSTI.

Traduit de l'Allemand sur l'Original imprimé à Vienne 1751.

A PARIS,

Chez DURAND, rue S. Jacques, au Griffon.
PISSOT, Quai des Augustins, à la Sagesse.

M. DCC. LII.

Avec Approbation & Privilége du Roi.

AVERTISSEMENT
DU
TRADUCTEUR.

LE même motif qui a déterminé M. JUSTI *à dévoiler le mystere des Teintures de Saxe, m'a fait entreprendre la Traduction de son Ouvrage. J'ai cru que l'on me sauroit quelque gré de publier en François un Traité qui, quoique fort court, renferme des vûes très-propres à perfectionner l'Art de la Teinture. Tant que les secrets des Arts ne sont entre les mains que d'un petit nombre d'Artistes, il est très-difficile que les progrès en soient bien rapi-*

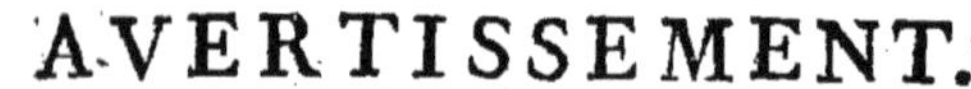

des; ce n'eſt que quand ils ſont connus des Savans que l'on peut eſpérer qu'ils ſeront pouſſés à un certain dégré de perfection.

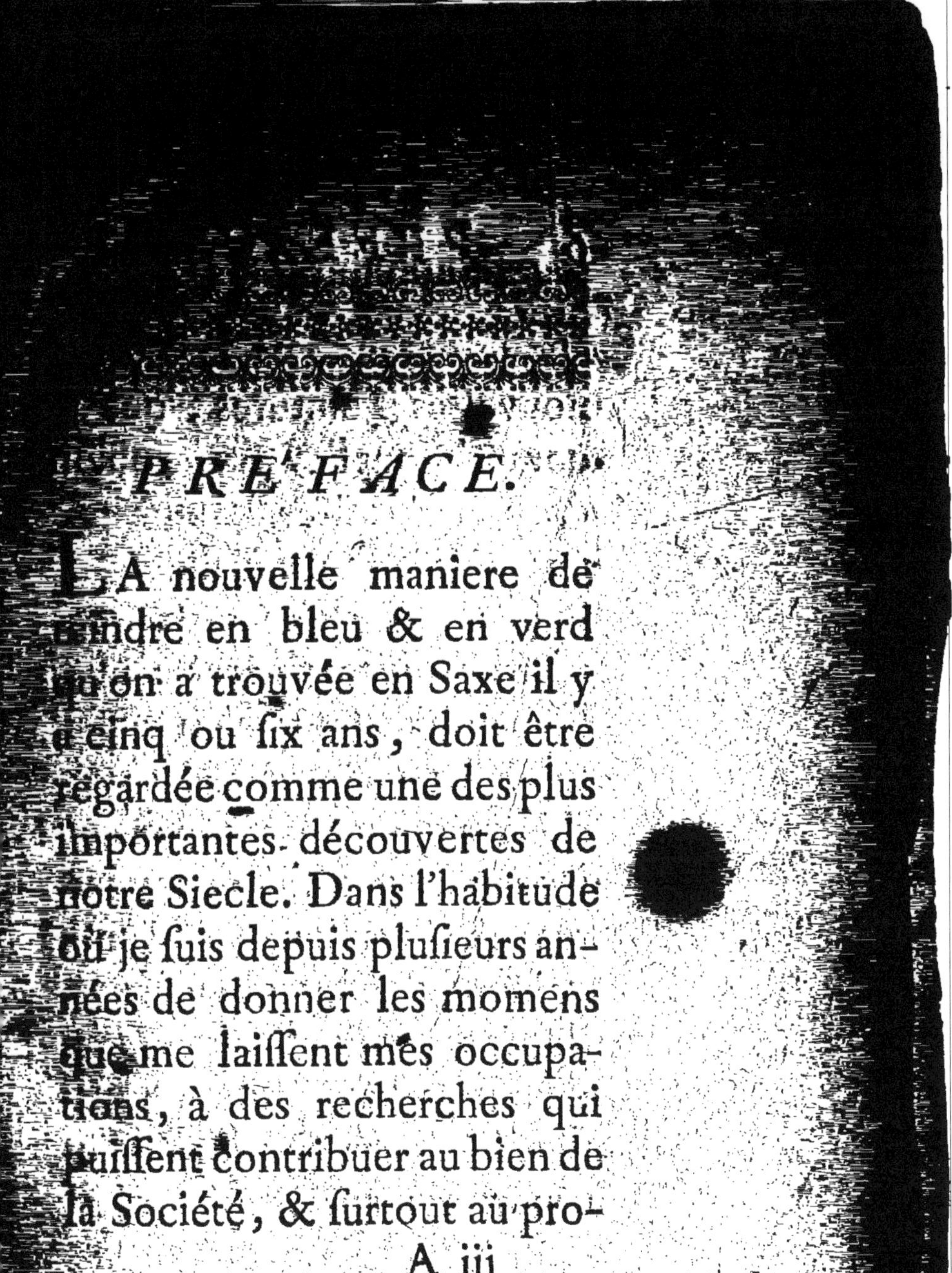

PREFACE.

LA nouvelle maniere de teindre en bleu & en verd qu'on a trouvée en Saxe il y a cinq ou ſix ans, doit être regardée comme une des plus importantes découvertes de notre Siecle. Dans l'habitude où je ſuis depuis pluſieurs années de donner les momens que me laiſſent mes occupations, à des recherches qui puiſſent contribuer au bien de la Société, & ſurtout au progrès du Commerce ; à peine eus-je entendu parler de ces nouvelles Teintures, que je compris tout l'avantage qu'on en pourroit tirer. Je ne pus parvenir d'abord à une connoissance parfaite de la maniere de les préparer : mais le peu que l'on m'en apprit m'excita à tenter des expériences qui pussent me mener à de plus grandes découvertes, & j'eus lieu de me convaincre que les couleurs de de Saxe étoient susceptibles d'un plus haut point de perfection. Je trouvai de plus que toutes les autres pouvoient [illegible] préparées d'une même [illegible]ture ; ce qui me condui[illegible]à de nouveaux principes [illegible] art de la Teinture beaucoup plus utile, plus avantageux, & capable de fournir des couleurs plus durables & plus belles que celles qu'on obtenoit par la méthode que l'on ſuivoit anciennement. Ce qui acheva de m'encourager à continuer mes expériences avec opiniâtreté ; ce fut l'idée que des Manufactures en Etoffes, quelles qu'elles ſoient, ne peuvent jamais proſpérer & fleurir, ſi on ne leur fournit des couleurs vives & durables. Je vis que la Teinture demandoit une attention toute particuliere de la part des Souverains ; que cet Art n'étoit point indigne d'occuper les Sçavans ; que ceux-ci pouvoient y faire des progrès très-rapides ; & qu'en partant de principes certains, ils se mettroient en état de pénétrer dans les causes mêmes des effets qu'ils appercevroient, ainsi qu'il est arrivé en France où l'on a vû des Membres distingués de l'Académie, se livrer tout entiers aux progrès de l'Art de la [illegible]ure. Après une infinité d'expériences, je suis parvenu, non-seulement à rendre le bleu & le verd des Saxons, plus durables qu'ils n'étoient auparavant ; mais encore à découvrir d'autres couleurs utiles & avantageuses, dont j'aurai occasion de parler dans le cours de ce petit Traité. Les Teinturiers, comme le reste des hommes, sont très-portés à rejetter ce qui ne s'accorde point avec leurs intérêts, & à décrier des découvertes qui rendent inutile ce qu'ils ont eu beaucoup de peine à apprendre ;

aussi chercherent-ils à nuire de toute leur force aux nouvelles couleurs de Saxe : c'est ce qui me détermina à inférer dans le troisiéme Volume des *Mémoires* Allemands, dont je m'étois chargé, un Traité de ces Couleurs. Je le fis d'autant plus volontiers qu'il se rencontroit dans le même Volume beaucoup de matieres rélatives au Commerce. Mon but étoit de montrer le peu de fondement du discrédit où l'on s'étoit proposé de jetter les nouvelles Teintures, & de mettre le Public en état de profiter d'une découverte de notre Siécle, aussi utile que celle-ci. La maniere de préparer les nouvelles Teintures de Saxe, étoit dans les mains de plusieurs personnes ; entre lesquelles quelques-unes trompées n'avoient, à la vérité, que de mauvais procédés : je pensai qu'il y auroit de l'avantage pour ces derniers, & qu'il n'y auroit aucun inconvénient pour le premier Inventeur, à dévoiler tout le mystere. Le Libraire a cru trouver son intérêt à publier séparément ce petit Traité à la tête duquel j'ai jugé à propos de placer ce mot d'Avertiſſement.

A Vienne le 5 Octobre 1750.

SECRET DES NOUVELLES TEINTURES DE SAXE.

IL y a une infinité de propriétés & d'effets cachés dans le ſein de la Nature ; & il eſt certain que s'ils étoient connus, la Société en tireroit de très-grands avantages. Souvent on a découvert dans les Corps des qualités qu'on eût été tenté de regarder comme des chimeres ; ſi l'expérience qui eſt communément guidée par un pur haſard, ne nous eut convaincu de leur réalité. Au commencement de ce Siécle, on n'auroit pas manqué de prendre pour un extravagant celui qui auroit soûtenu que les Corps humains, & presque tous ceux qui sont dans l'Univers peuvent donner des étincelles, lorsqu'ils touchent un corps qui est dans le voisinage d'un autre corps que l'on a frotté pendant quelque-tems; que le contact d'un pareil corps étoit capable de tuer des oiseaux, d'enflammer de l'esprit de vin, sans parler de beaucoup d'autres phénoménes semblables dont on n'avoit alors nulle idée. Toutes ces choses, dis-je, nous auroient paru incroyables à nous mêmes & aux autres; si nous n'avions point eu lieu de nous en assûrer par les expériences multipliées qu'on a faites depuis la découverte de l'Electricité. D'autres essais nous ont constaté l'existance, d'autres propriétés inconnues, & qu'on ne s'attendoit point à rencontrer dans les corps. Pourra-t-on douter après cela, qu'il n'y ait encore en eux une infinité de qualités & d'effets dont nous tirerions un grand avantage si nous les connoissions ? La Chymie sur-tout est inépuisable en ce genre. Il n'y a peut-être rien de plus mal fondé que le prétendu secret de faire de l'or ; rien de plus extravagant que la transmutation des métaux, mais l'art de les améliorer n'en est pour cela ni moins certain ni moins appuyé sur des principes raisonnables. La Chymie, cette science merveilleuse, n'est pas faite pour être prostituée à des rêveries : mais comme il y a des propriétés toutes particulieres cachées dans les différens mélanges des minéraux & des ſels, dans les liqueurs & les diſſolvans que l'on en peut tirer, & ces propriétés pouvant être tournées à la plus grande utilité de la Société, il n'eſt pas douteux que la Chymie ne ſoit une étude très-agréable pour celui à qui la Providence a donné de la tranquillité, avec les moyens de ſatisfaire ſon goût; & de ſe rendre en même-tems utile au genre humain. Si l'on recherche ce qui a donné naiſſance aux plus belles inventions, on trouvera preſque toûjours, que c'eſt à la Chymie que nous en ſommes redevables; & peut-être ne nous a-t-elle encore procuré que la moindre partie de ce que nous ſommes en droit d'en attendre, ſi on compare les progrès de l'art avec les richeſſes de la Nature. Il ſeroit donc très à ſouhaiter que les Souverains & les

grands

[illegible] avantage[illegible]
[illegible] qui décèlent
[illegible] pour elle, mais fou-
[illegible] que pour courir
[illegible] chimère de faire de
[illegible] au lieu des sommes con-
[illegible] qu'ils perdent à entre-
[illegible] qui les trom-
[illegible] assignoient des revenus
[illegible] à quelque honnête hom-
[illegible] qui joignit à des connoissan-
[illegible] dans la Physique &
[illegible], l'envie & la capacité
[illegible] toutes sortes d'expérien-
[illegible] n'est pas douteux qu'avec
[illegible] & ces précautions, on ne
[illegible] à des découvertes utiles à
[illegible] en général & avanta-
[illegible] à quelques Etats en parti-
[illegible] si les Souverains vouloient
[illegible] quelquefois assister en per-

B

ſonne à ces ſortes d'expériences; ils y trouveroient un amuſement propre à ſatisfaire leur curioſité & à les diſtraire de l'ennui d'occupations plus ſérieuſes. En effet, qu'y a-t-il de plus raviſſant que le ſpectacle de tant de phénomenes merveilleux que fourniſſent la Phyſique & la Chymie, & que la reflexion où ils entraînent néceſſairement tout homme ſenſé?

C'eſt la découverte des nouvelles Couleurs de Saxe dont je vais traiter ici, qui m'a conduit à celles que je viens de faire. Qui eſt-ce qui ſe feroit imaginé il y a quelques années, que l'on pouvoit employer les diſſolvans de la Chymie dans l'Art de la Teinture, tandis qu'on avoit toûjours été dans l'idée qu'ils n'étoient propres qu'à détruire toutes les couleurs? C'eſt pourtant de ces dissolvans dont on se sert pour préparer les couleurs de Saxe ; & ce seroit se tromper grossiérement de les croire nuisibles aux Teintures ; ce sont eux au contraire qui contribuent à en réhausser l'éclat, à développer la vertu des matieres colorantes, & à faire paroître des nuances plus brillantes & plus vives que celles qu'on a jamais obtenues par les procédés anciennement suivis dans l'art de la Teinture.

Le hasard a ordinairement la plus grande part à toutes les découvertes ; & c'est lui qui a fait naître les couleurs dont nous parlons. On prétend que ce fut un Jurisconsulte nommé M. *Barth* qui demeuroit au Grand Hayn, & qui s'occupoit des travaux de la Chymie, qui les trouva le premier. Cette invention va ouvrir la route à un art de la Teinture entiere-ment différent dans ſes principes & dans ſa théorie, de l'art tel qu'il ſe pratiquoit auparavant: il eſt dé-montré que, ſi ſans égard pour l'ancienneté, nous voulons don-ner la préférence à ce qu'il y a de mieux, nous ne ferons point diffi-culté d'abandonner la méthode uſitée pour la nouvelle, & de tra-vailler de toute notre force à con-noître & à perfectionner celle-ci. Cette nouvelle maniere de tein-dre a des avantages tout particu-liers auxquels on n'auroit jamais pu atteindre en ſuivant celle qui l'a précédée, comme je le prou-verai en dévoilant un ſecret qui, juſqu'à préſent, n'a été connu que d'un très-petit nombre de perſon-nes. J'eſpere que l'on ne me ſau-ra point mauvais gré, ni de pu-blier cette découverte, ni de gar-

[illegible]

[illegible] d'autres [illegible] [illegible] ques propres [illegible] [illegible] quoiqu'elles aient de- [illegible] à perfectionner con- [illegible] ment les nouvelles tein- [illegible]

[illegible] de vitriol est une des [illegible] matieres qui entrent [illegible] composition des nouvelles [illegible] de Saxe ; cette huile est [illegible] ; on s'en sert pour faire [illegible] ur bleue qui, mêlée avec [illegible] produit le beau verd de [illegible]. Il n'importe qu'on com- [illegible] par faire teindre les étoffes [illegible] de la maniere ordinaire, [illegible] l'on se serve pour cela [illegible] couleur jaune particuliere [illegible] j'aurai occasion de parler [illegible] suite. Afin de développer la [illegible] bleue dont nous par- lons, [illegible] une demie once d'in- digo, on prend quatre onces d'huile de vitriol ; on y met en digeſtion pendant vingt - quatre heures, à une chaleur modérée, une once de cobalt * blanc, qui ait été pulvériſé & paſſé par un tamis de crin fort ſerré. On n'a pas beſoin de continuer la digeſtion ſi long-tems, ſi on la fait au bain de ſable. Le colbat contient des particules métalliques ; l'huile de vitriol eſt chargée de particules cuivreuſes ; & c'eſt par leur développement & par la combinaiſon qui s'en fait dans la cha-

* Il ſeroit à ſouhaiter que l'Auteur ſe fut expliqué plus clairement. Peut-être par cobalt blanc, a-t-il voulu déſigner la pyrite blanche, ou pyrite arſenicale, que les Allemands nomment *Miſpikkel*, à qui quelques Auteurs donnent le nom de *cobalt*, quoique mal a-propos, puiſque c'eſt une mine purement arſenicale. Peut-être auſſi entend-t il par *cobalt blanc* la mine de cobalt d'un gris de cendre, *minera cobalti cinerea*, qui eſt des mines cobalt, celle dont la couleur eſt la plus claire.

leur, que ſe produit l'éclat que l'on remarque à cette couleur. C'eſt même un principe dans la théorie de la nouvelle Teinture; que ce ſont des particules métalliques qui doivent donner de l'éclat aux couleurs. Il y a longtems, ſi l'on y avoit fait réflexion, que la couleur écarlatte auroit conduit à la découverte de cet axiome; car il eſt certain que l'éclat de la couleur écarlatte, n'eſt dû qu'aux particules métalliques de l'étain; c'eſt une vérité dont je me ſuis aſſûré par un grand nombre d'expériences. C'eſt l'eau forte qui rehauſſe la couleur cramoiſie, qui eſt la couleur naturelle de la cochenille; c'eſt elle qui la rend d'un rouge plus clair: mais c'eſt de l'étain qu'elle prend la nuance plus forte & plus éclatante qui conſtitue l'écarlatte dans la nouvelle teinture. Il reste encore à faire un nombre infini d'expériences, pour découvrir quelles sont les parties métalliques propres à donner de l'éclat à chaque couleur ; car les parties métalliques qui produisent cet effet sur une couleur, en détruisent entiérement une autre. Mais je reviens au nouveau procédé.

Quand on a préparé l'huile de vitriol, & le cobalt de la maniere que nous avons dit, on y met la démie once d'indigo, qui doit être bien choisi & bien pulvérisé, & on remue tout le mêlange avec un petit bâton ; l'indigo se gonfle considérablement, & entre en effervescence ; ce qui prouve combien ce mêlange est propre à développer les parties de l'indigo ; on met encore le tout en digestion pendant vingt-quatre heures à une chaleur douce. Outre le cobalt, je suis dans l'usage de mettre dans l'huile de vitriol, d'autres matieres qui contribuent à rehausser l'éclat de la teinture, & à la rendre plus solide & plus durable. Mais, comme c'est un tour de main qui m'a coûté beaucoup d'expériences & de travail, on ne trouvera point mauvais que je ne divulgue point mon secret quant-à-présent.

Lorsqu'on veut teindre, on prépare l'étoffe par le moyen de sels qui sont propres à rendre la couleur durable, (c'est ce que les Teinturiers nomment *décruser*. *) Après qu'on a lavé l'étoffe, & qu'on l'a laissé refroidir, on met une partie de la teinture, ou des matieres colorantes, dont nous avons parlé, dans la même eau où

* *Voyez le Dictionnaire du Commerce.*

l'on a fait le décrusement, tandis qu'elle est encore bouillante, & chargée de sels, & l'on en met à proposition de la quantité d'étoffe que l'on veut teindre, & de la couleur plus ou moins foncée que l'on veut lui donner : la valeur de deux cuilleres à thé de la teinture suffit pour teindre d'un très beau bleu, un morceau d'étoffe qui auroît jusqu'à une aune & demie de Saxe * de large. Il ne faut que quelques minutes pour faire prendre à l'étoffe toutes les couleurs qu'on veut ; on la laisse seulement bouillir un quart d'heure de plus, pour que la couleur pénetre mieux. La quantité de matieres colorantes ne peut jamais gâter la couleur : l'on en obtient

* L'aune d'Allemagne est de 2 pieds 5 pouces & quelques lignes. Sept aunes de Paris font 12 aunes d'Allemagne.

une foncée, quand on en met trop, & elle est claire quand on en a mis trop peu. Si, au bout de quelques minutes, on trouvoit la couleur trop claire, on pourroit encore y remettre de la matiere. Quand on a fait bouillir suffisamment la teinture, on lave l'étoffe dans de l'eau de riviere froide.

Lorsqu'on veut teindre en verd de Saxe, il faut, ou se servir d'une étoffe qui ait été auparavant teinte en jaune, & s'y prendre de la même maniere qui vient d'être décrite, comme si on vouloit teindre en bleu, en observant seulement d'employer moins de matieres colorantes; ou se servir d'une teinture jaune particuliere que l'on met dans la même eau qui est encore assez chargée de bleu pour pouvoir, en s'y mêlant avec le jaune, produire une couleur verte : mais si on vouloit un verd foncé, il faudroit remettre encore un peu de la couleur bleue: il faut prendre une plus grande quantité de la teinture jaune, c'est-à-dire, que l'on doit en employer environ un quarteron pour chaque aune d'étoffe, quand on veut que la couleur soit forte, parce que la matiere qui produit cette couleur n'est point si divisée que celle qui produit le bleu. Du reste, on procéde de la même maniere que pour la couleur bleue; & l'on prépare aussi l'étoffe en la faisant passer par une lessive de sels : on la fait bouillir pendant un bon quart d'heure; on la lave dans de l'eau froide; mais avec plus d'exactitude, parce que la teinture jaune est ordinairement plus chargée de saletés que les autres.

Voici comment on prépare la teinture jaune. On prend du curcuma à proportion de la quantité de teinture qu'on veut faire ; on y joint un huitiéme ou un dixiéme d'orpiment ou arsenic jaune : on a soin de bien pulvériser & de broyer exactement ces deux matieres ; on les met dans un mortier de verre ou de serpentine ; & l'on verse par-dessus autant d'eau-forte ou d'huile de vitriol, qu'il en faut pour, qu'après avoir suffisamment trituré, le mêlange ait la consistance d'une bouillie fort claire. On y joint alors autant d'eau de riviere qu'il en faut pour pouvoir verser commodément le mêlange dans un vaisseau de verre que l'on ferme avec un bouchon de verre. On réitére la même chose, lorsque le mortier n'est point assez grand, & qu'on a beſoin d'une grande quantité de couleurs ; pour lors ſur quatre onces d'eau forte que l'on a employées, on prend une demie once d'huile de vitriol, ou une once d'huile de tartre ; & on les mêle à cinq ou ſix repriſes : à chaque fois qu'on en verſe, il faut promptement remuer le mélange ; car, comme il s'y trouve des acides & des ſels neutres, il ſe produit une efferveſcence accompagnée de chaleur qui nuiroit à la couleur, ſi l'on n'avoit pas la précaution de bien remuer. Enfin, on met la teinture ainſi préparée en digeſtion pendant vingt-quatre heures, à une chaleur douce, & on la remue de temps en temps, après quoi la couleur eſt achevée, & en état d'être gardée pendant pluſieurs mois. Je ſuis dans l'uſage d'y joindre encore d'autres matieres qui contribuent à la rendre plus vive & plus solide ; mais je ne puis encore donner mon secret au public.

La teinture jaune dont je viens de décrire le procédé, donnera une couleur jaune si belle & si durable, qu'une solution boüillante de savon ne lui enlevera rien de son éclat.

Ce que je viens de dire contient tout le mystere des couleurs de Saxe, & il n'est point douteux que ce ne soit sur les teintures le meilleur des secrets qui courent le monde, & qui se vendent pour tels. Mon but, en divulguant tout le procédé, est autant de couper court à ce trafic, que de fournir de nouvelles ressources aux personnes qui s'occupent de ces sortes d'expériences, & qui tentent des Essais inutiles à la Société; d'autant plus, qu'à en juger par un petit écrit que j'ai vû paroître depuis peu, il y a en effet des personnes qui ont reconnu l'avantage & la prééminence des nouvelles couleurs, & qui sont très-portées à pousser leurs recherches plus loin. Je leur ai exposé le procédé en entier, afin qu'elles fussent convaincues par elles-mêmes des avantages que ces nouvelles couleurs ont réellement sur les anciennes.

Si on fait attention au procédé que j'ai prescrit pour les préparations des teintures de Saxe, il ne restera aucun doute à qui que ce soit, sur la préférence qu'elles méritent; puisque sur quatre onces d'huile de vitriol, je n'emploie qu'une demie-once d'indigo; & que deux cuilleres à thé de ce mélange

lange, dont le poids est à peine d'une dragme, suffisent pour teindre une aune d'étoffe. Il suit naturellement de-là, que je fais plus de teinture avec une demie-once d'indigo que l'on n'en pouvoit faire avec une livre, suivant la méthode qui étoit autrefois en usage. Quelle prodigieuse quantité de matiere colorante se consommoit donc à pure perte dans la teinture, telle qu'elle a été pratiquée jusqu'à présent ? Et dans quel état de division les matieres colorantes ne doivent-elles pas être dans la nouvelle ? Outre cela, qui est-ce qui ne remarque point l'avantage d'une maniere de teindre, dans laquelle les couleurs deviennent à beaucoup meilleur marché qu'elles n'étoient auparavant ? En effet, une livre d'huile de vitriol revient en Saxe à un écu* (3 liv. 15 sols) & si on la tiroit soi-même, comme on pourroit très-bien le faire dans de grandes Manufactures, elle reviendroit à peine à la moitié : d'un autre côté, on épargne 15 ½ onces d'indigo, dont la livre coûte au moins un écu : pour le cobalt & les autres ingrédiens que mes découvertes m'ont déterminé à y joindre, ces matieres sont à si bon marché qu'elles ne méritent point d'entrer en ligne de compte. Le profit que l'on retire de la nouvelle maniere de teindre est donc très-sensible.

Comme l'effet des couleurs dont nous parlons, est de rendre les étoffes plus belles & plus éclatantes, nous n'aurons pas be-

* Il paroît que l'Auteur s'est trompé sur le prix de l'huile de vitriol qu'il met trop haut, & sur celui de l'indigo qu'il met trop bas.

ſoin de prouver en cela leur ſupériorité ſur les anciennes. En effet, la principale choſe qu'on y remarque, c'eſt leur vivacité & leur éclat; & je n'ai encore vû perſonne qui ne convînt de la prééminence que les nouvelles couleurs ont de ce côté ſur les anciennes.

Ces nouvelles couleurs prouvent auſſi que c'eſt dans notre maniere de les préparer que conſiſte le vrai procédé: car dans la teinture, telle qu'elle ſe pratiquoit ci-devant, nous étions obligés d'être contens, lorſque la couleur s'étoit ſuffiſamment attachée à la ſurface de l'étoffe, tandis que pour l'ordinaire le fond étoit demeuré entiérement blanc; au lieu que les nouvelles couleurs pénétrent les draps les plus forts & les plus épais, & laiſſent préſumer à quel point de durée & de ſolidité elles peuvent être pouſſées, ſi on veut s'occuper des moyens de leur donner le degré de perfection dont elles paroiſſent ſuſceptibles.

Il eſt certain que les couleurs de la teinture doivent non-ſeulement être agréables à l'œil, mais avoir encore de la durée, c'eſt-à-dire, réſiſter aux impreſſions de l'air, du ſoleil, & de la pluie. En effet, puiſque nos habits ſont ſujets à toutes ces viciſſitudes, & que nous n'en portons pas, pour demeurer continuellement dans des appartemens, l'uſage exige que les couleurs qui ſont employées dans leur teinture aient les propriétés dont nous venons de parler. L'on nomme donc bonnes couleurs, celles qui ne ſouffrent aucune altération remarquable par les impreſſions de l'air,

& l'on regarde comme mauvaises celles qui n'ont point les mêmes avantages. Il paroît qu'en ce point, il manque encore quelque chose aux couleurs de Saxe ; car, quoiqu'elles résistent pendant un certain tems aux impressions de l'air, elles ne laissent pas que de souffrir de l'altération à la longue. Mais je suis convaincu que les meilleures couleurs dont on se servoit ci-devant en Allemagne étoient sujettes au même inconvénient. Je ne sais si les François possédoient mieux : j'avoüe seulement qu'ils se sont donné plus de peine que nous, pour trouver des couleurs durables & invariables, & que chez eux, le Gouvernement a une attention toute particuliere sur les teintures, puisqu'un Membre de l'Académie Royale des Sciences de Paris est chargé de ſaire continuellement des expériences qui y ſoient relatives, & que ce ſont ſes obſervations qui guident dans les Réglemens que l'on preſcrit á ce ſujet. Mais, quand nous ſuppoſerions pour un moment, que les nouvelles couleurs n'ont point encore toute la ſolidité qu'on peut déſirer, ce ne ſeroit point une raiſon pour abandonner une route dans laquelle il y a ſi peu de tems que nous marchons, & un moyen ſur lequel il s'en faut beaucoup que nous ayons des expériences ſuffiſantes; ſurtout, puiſque nous y trouvons tant d'avantages, & de raiſons de préférence. Je ne penſe pas qu'on prenne ce parti; & ſi l'on s'y déterminoit, j'oſerois dire que notre ſiécle ſeroit indigne d'une découverte auſſi belle. Ce petit défaut que nous remarquons dans les nouvelles couleurs doit nous exciter à en chercher le remede, & à porter cette découverte au point de perfection dont elle est certainement susceptible. Les anciennes teintures, dont il y a tant de siécles que nous nous contentons, devoient être dans leurs commencemens bien plus défectueuses que les nouvelles : ce n'est que par un nombre infini d'expériences qu'elles ont été portées au point où nous les voyons. Il n'en sera pas ainsi des nouvelles ; & d'habiles gens n'auront que peu de peine à les rendre beaucoup plus parfaites qu'elles ne le sont actuellement.

Je puis me flatter d'avoir déja très-bien réussi à les rendre plus durables : les essais que j'ai faits soutiennent la bouë & le jus de citron sans se tacher ; & en les mettant boüillir dans de l'eau de savon, il ne se détache qu'une très-petite portion de leurs couleurs. Selon les principes de l'art de la Teinture, l'épreuve la plus rigoureuse par laquelle une teinture puisse passer, c'est de boüillir pendant cinq minutes dans une solution de savon : si dans une pareille épreuve, l'étoffe ne souffre pas un déchet remarquable de couleur, on se tient assûré qu'elle résistera aux impressions de l'air : cependant l'inverse de cette proposition n'a point lieu ; & l'on ne peut point dire que toutes les couleurs qui ne soûtiennent point l'épreuve du déboüilli dans l'eau de savon, ne resistent point non plus aux impressions de l'air. Par exemple, la teinture en écarlatte ne peut point soûtenir cette épreuve ; ce qui n'empêche point que cette couleur ne résiste aux impressions de l'air.

La solidité des couleurs dépend beaucoup des sels que l'on emploie pour préparer les étoffes ; & suivant la théorie de l'art de la Teinture, la stabilité des couleurs naît de ce que les intervalles de la laine & de l'étoffe ont été suffisamment écartés par les sels, & que les particules de la matiere colorante ont été saisies par les sels qui sont restés dans l'étoffe, de maniere qu'après le réfroidissement, ils ont formés des crystaux assez solides pour ne pouvoir être dissouts ni par les rayons du soleil, ni par l'air, ni par l'eau. Suivant cette théorie, il y a longtems que l'on a regardé certains sels, & sur-tout le sel de tartre & l'alun comme capables de produire de pareils crystaux ; & lorsque l'expérience a fait voir que les étoffes les mieux préparées avec ces sels n'étoient point pour cela susceptibles de prendre des couleurs durables avec de certaines matieres colorantes, telles, par exemple, que le bois de Brésil, on a rejetté ce défaut uniquement sur les matieres colorantes, & l'on a prétendu qu'elles n'étoient point propres à produire une couleur solide & durable. Mais, suivant mes principes, les particules de la couleur ne sont point saisies & embrassées par les crystaux des sels; elles ne sont que mêlées avec eux. Quand donc les particules de la matiere colorante sont de nature à ne point admettre une combinaison parfaite avec les particules salines, elles ne peuvent former des crystaux solides ni par conséquent une couleur durable. Mais il peut y avoir d'autres ſels qui s'accordent mieux avec la nature des mêmes particules colorantes, & on peut les trouver en ſe donnant la peine d'en faire la recherche. Comme c'eſt l'expérience qui m'a conduit aux principes dont je parle, je me ſuis ſervi d'autres ſels que l'alun & le tartre dans les nouvelles Teintures de Saxe & je ſuis parvenu à trouver ceux qui ſont propres à donner aſſez de ſolidité aux couleurs pour réſiſter, ainſi que je l'ai dit, preſque parfaitement à l'épreuve du débouilli. Il n'eſt donc pas douteux que de nouvelles expériences ne donnaſſent de nouveaux moyens de rendre ces couleurs encore plus durables.

J'ai eu lieu de me convaincre par une autre expérience, de

quelle importance étoit le choix des sels. J'ai découvert encore par le moyen des dissolvans de la Chymie, un secret pour teindre en écarlate d'une maniere neuve, & préférable aux autres; mais ce n'a été qu'après un nombre infini d'essais que j'ai rencontré les dissolvans propres à développer la couleur de la cochenille. Il faut bien se ressouvenir que les liqueurs ou menstrues que l'on peut employer avec succès pour le développement d'une couleur, ont le défaut de gâter ou de détruire entiérement presque toutes les autres. J'eu donc lieu d'être d'abord très-satisfait de ma découverte : mais je m'apperçus ensuite, que je n'avois fait qu'à peine la moitié du chemin, parce que tous les sels ordinairement employés dans la teinture n'étoient de nul effet pour rendre les étoffes susceptibles de prendre la couleur. Dans le grand nombre de mes expériences, ma teinture étoit du plus beau rouge ; cependant les morceaux d'étoffe demeuroient tous blancs ; quoique je les y eussent fait boüillir pendant des heures entieres. Après bien des travaux inutiles, je trouvai enfin des sels qui étoient parfaitement analogues à la nature de la cochenille, & propres à développer la couleur dont je voulois me servir. Par le moyen de ces sels, non-seulement l'étoffe fut disposée à prendre la teinture ; mais encore la couleur en acquit une solidité que jamais jusqu'à présent l'on n'avoit été en droit d'attendre de l'écarlatte. On sait que l'écarlatte ordinaire, quand on la fait boüillir pendant cinq minutes dans une eau de ſavon, perd toute ſa couleur, & que c'eſt par cette raiſon, qu'elle eſt ſi ſujette à ſe gâter par la boue, par les acides & par toutes les graiſſes : mais ma nouvelle écarlatte eſt dans le cas de pouvoir boüillir pendant dix minutes dans une forte ſolution de ſavon, ſans qu'on remarque qu'elle perde conſidérablement de ſon éclat. L'étoffe garde toujours une couleur de roſe très-vive, de la ſolidité de laquelle on peut aiſément juger. Outre cela, j'emploie à peine pour cette couleur, le quart de la cochenille que l'on a juſqu'à-préſent été obligé d'y employer : & comme dans les liqueurs ou diſſolvans propres à développer la couleur, il n'entre que des matieres très-peu couteuſes, & qui ne demandent qu'à être préparées, l'écarlatte dont je parle, en comptant les peines de sa préparation & les frais du charbon, ne revient pas à la moitié de ce qu'il en a coûté jusqu'à présent pour teindre en cette couleur. Pour s'en convaincre, on n'a qu'à revenir sur les avantages de la méthode que nous avons prescrite, & sur la grande quantité de matiere colorante qui se perdoit dans le procédé que l'on suivoit auparavant. Il me semble que ce ne seroit point en user d'une maniere convenable aux maximes de notre tems, que de négliger de nous rendre cette méthode utile en faisant un plus grand nombre de recherches ; car il n'est pas douteux qu'on ne puisse découvrir une liqueur, ou un dissolvant propre à développer chaque couleur. J'ai encore trouvé le moyen de faire une teinture d'un rouge commun très-durable, & qui revient à très-bon marché; & je puis me flatter par le moyen de différens mêlanges de teintures, de pouvoir produire toutes les couleurs imaginables.

On prétendra peut-être contre ces nouvelles couleurs, qu'elles sont nuisibles à la durée de la laine & des étoffes, sur ce que nous employons dans les procédés dont nous avons parlé, des liqueurs & des matieres corrosives. Mais qu'on juge combien cette objection est mal fondée, sur la très-petite quantité de ces liqueurs, & sur la prodigieuse quantité d'eau dans laquelle elles sont répandues & doivent avoir perdu la qualité corrosive qu'elles avoient auparavant; joint à ce qu'en développant les matieres colorantes

colorantes, elles ont dû s'affoiblir encore beaucoup. En effet, quel mal peut faire la valeur de deux cuillerées à thé d'huile de vitriol, ou de trois ou quatre cuillerées d'eau-forte, quand elles ont été étendues dans quatre ou cinq pintes d'eau, qui est le moins qu'on en puisse employer pour teindre une aune d'étoffe. D'ailleurs, l'expérience ne nous a point encore appris que les nouvelles Teintures de Saxe rendissent les étoffes plus lâches & moins compactes. L'on ne trouve point non plus ce défaut dans la teinture en écarlatte telle qu'elle a été en usage jusqu'à présent : cependant on y emploie beaucoup plus d'eau-forte, puisque sur trois onces de cochenille, on met presqu'une once d'eau-forte ; malgré cela, nous ne voyons pas que les draps écarlat-

D

tes soient moins de durée que les autres draps. En un mot, je n'ai rien épargné pour m'assurer si les nouvelles teintures n'endommageoient point la laine ou les étoffes. J'en ai fait l'essai sur des brins de laine seuls teints de la nouvelle maniere que j'ai comparés à des brins de laine blancs ou teints, suivant l'ancienne façon; & je n'y ai vu aucune différence; au contraire, j'ai remarqué plus de force & de consistance dans les premiers que dans les derniers.

Il est donc constant, par ce que je viens de dire, que les objections que l'on fait contre les nouvelles couleurs n'ont que peu ou point de fondement : cependant on n'a pas laissé de les critiquer & de chercher à les décrier. Les Teinturiers sur-tout ont tout mis en œuvre pour les faire tomher ; mais ils n'ont employé contre elles que ces mêmes raisons dont je viens de faire voir l'insuffisance. Ils ont objecté particulierement à la couleur verte de Saxe, d'être tachée par la boue. A cela je répondrai, qu'il se peut que la plûpart des étoffes que l'on débite soient dans ce cas, mais que les essais que j'en ai faits n'ont jamais eu ce défaut. La raison de ces différens succès, c'est qu'on a distribué partout de mauvais procédés pour les nouvelles teintures. L'Auteur du petit Traité sur les Couleurs de Saxe dont nous avons parlé plus haut, raconte qu'une personne parvînt par adresse à en tirer le procédé de celui qui en étoit l'Inventeur ; qu'il se mit ensuite à voyager & à débiter ce procédé par-tout où il passa ; mais que, comme cet homme ne ſavoit qu'imparfaitement, on n'exécuta rien de bon ſur ſes indications. Je ſuis d'autant plus diſposé à croire ce rapport, qu'ayant eu occaſion de conférer les recettes courantes entre les Artiſtes & dans la ſociété; je n'y ai rien remarqué qui ne fut très-inexact & fort inférieur à ce que j'ai indiqué dans ce petit Ouvrage. Ainſi, quand il ſeroit vrai, qu'un verd de Saxe fait ſuivant un mauvais procédé, ſeroit taché par la boue, je n'en ſerois pas moins en droit de demander aux Teinturiers qui affectent tant de mépris pour cette couleur, ſi elle n'a pas des avantages réels ſur celle qui ſe fait ſuivant l'ancienne méthode. L'ancienne teinture verte eſt infiniment plus ſujette à ſouffrir de l'altération par les impreſſions de l'air. La boue & les moindres acides, tels que le vinaigre, le vin, &c. non-seulement y font des taches considérables, mais encore la changent en bleu ; au lieu que la plûpart des acides ne produisent pas le moindre changement sur le verd de Saxe le plus médiocre. Il me semble qu'il faudroit être mieux appuyé & mieux instruit, lorsqu'on cherche à critiquer une chose utile.

En un mot, on peut regarder comme une regle générale que, lorsqu'il est question de nouvelles inventions dans un art, il ne faut gueres s'arrêter aux criailleries de ceux qui ont pratiqué pendant long-tems le même art, en suivant une ancienne méthode. Cette regle doit avoir lieu pour les nouvelles découvertes dans les sciences, aussi-bien que pour celles qui se font dans les Arts & Métiers. Il faudroit qu'il s'op[illegible] grand changement dans les espr[illegible] & les passions des hommes, pour qu'ils pussent souffrir avec tranquillité qu'on rendît inutiles des choses qu'ils ont apprises avec beaucoup de peine dès l'enfance, & dont ils tirent leur subsistance.

FIN.

APPROBATION.

J'AY lû par ordre de Monſeigneur le Chancelier, un Manuſcrit intitulé : *Le Secret des Nouvelles Teintures de Saxe, &c. par J. H. G. Juſti, traduit de l'Allemand*, & je l'ai jugé très-digne de l'impreſſion. A Paris ce 9 Juillet 1752.

LA VIROTTE.

De l'Imprimerie de J. CHARDON.

www.ingramcontent.com/pod-product-compliance
Ingram Content Group UK Ltd.
Pitfield, Milton Keynes, MK11 3LW, UK
UKHW020348250726
13967UKWH00005B/2175